RESPONSABILIDADE MÉDICA E VITIMIZAÇÃO NA OBSTETRÍCIA

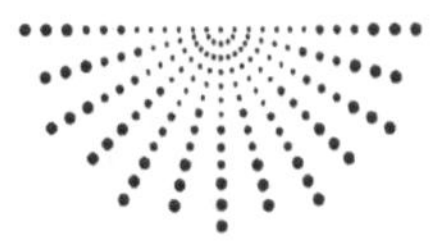

FABRICIO DE ALMEIDA CORREA

Em primeiro lugar, a Deus, por ter criado a vida.

Dedico este trabalho ao feto que não teve a chance de nascer com pleno desenvolvimento físico e intelectual, um caso que mexeu com meu ser e me inspirou a produzir este trabalho que agora divido com o leitor.

."O feto não era maior do que a palma de sua mão, mas o pai...colocou seu filho em uma estufa adequadamente preparada...fornecendo-lhe o necessário para o seu crescimento, por meio de um calor externo uniforme, medido, cuidadosamente, através de um termômetro."
(LAWRENCE STERNE, Tristam Shandy. In: FANAROFF, Avroy A.; KLAUS, Marshall H. *Alto risco em Neonatologia.* 2 ed. Rio de Janeiro: Interamericana, 1982, p.90).

RESUMO

O presente trabalho vem buscar um questionamento sobre a atual responsabilidade médica, especificamente na esfera civil, visando a analisar aspectos, tais como: melhoria da relação médico-paciente, casos de responsabilidade médica e iatrogenia, bem como questionamentos acerca dos conflitos judiciais que se formam, que podem, de alguma maneira, vitimizar o profissional obstetra. Na vitimização, podem ocorrer casos em que o organismo do paciente reage de forma inesperada ao medicamento, por exemplo, ocasionando a inimputabilidade do obstetra. No entanto, deve-se atentar para o fato de que não é só este especialista que atua no processo de geração da vida, mas uma gama de *experts*, que viabilizam conjuntamente o parto, seja por via normal, ou cirúrgica. Em havendo uma melhora nas inter-relações desses profissionais com a paciente, os meios de resolução de questões pertinentes a um resultado danoso poderão ser resolvidas de uma forma mais eficaz. Além disso, buscou-se enfatizar alguns casos de gravidez de alto risco, por exemplo: gravidez ectópica. Desse modo, foi lançada uma luz sobre as

intercorrências mais comuns a fim de semear questionamentos concernentes à qualidade da relação médico-paciente, bem como, e principalmente, à perícia do próprio
obstetra, vindo por este motivo ensejar incontáveis
demandas judiciais.

INTRODUÇÃO

Apresente monografia visa à reflexão crítica acerca da responsabilidade civil médica, especificadamente no ramo da Obstetrícia, e a vitimização do médico, como profissional dedicado a aplicar, em prol de seu paciente, toda a sua técnica, bem como lançar mão de todos os meios mais modernos e seguros para atingir o objetivo da cura.

Um dos problemas encontrados ao definir-se o tema foi, principalmente, devido à abrangência do conteúdo. Neste sentido, foi delimitado o campo de pesquisa, enfocando a já referida especialidade médica.

No que tange a esta especialidade, as estatísticas nos provam ser a mesma a campeã, dentre todas as outras, em propositura de ações, perdendo no *ranking* somente para a cirurgia plástica. A Obstetrícia, ramo médico dos mais significativos para o ser humano, por representar a concepção da vida, deve ser bem analisada, tomando como base a rotina do obstetra e o ato médico desempenhado por este.

Inúmera vezes, ocorre efetivamente um erro. Entretanto, em não existindo nenhuma falha sequer, ainda assim são propostas ações contra profissionais que deram tudo de si e de sua técnica a fim de alcançar um bom resultado para o paciente. Assim, o médico é vitimizado no momento em que não incorreu em culpa, mas porta sobre seus ombros todo o peso do globo terrestre como um verdadeiro Atlas. Quando da existência de culpa, caracterizando o *error scientiae*, é mister apurar-se qual foi o profissional que errou, ou seja, qual foi o especialista que, através de um ato médico, agiu com culpa, contribuindo para o resultado lesivo.

Em contrapartida, há casos em que não há qualquer nexo de causalidade entre o dano (resultado lesivo) e o agir médico, porém nascem cada vez mais processos contra estes profissionais, nutrindo uma verdadeira indústria de "danos ressarcidos".

É necessário atribuir a responsabilidade a quem causou o dano, pois é comum os autores das ações processarem o médico e o hospital ou clínica. Contudo, nem sempre o causador do dano é o obstetra, uma vez que também participam, inclusive no parto, o pediatra e o anestesista, que podem muito bem ter ocasionado resultado lesivo ao pequeno ser.

Com uma grossa demanda de cirurgias cesarianas, aumentam os riscos para a gestante e o feto. No entanto, é o Brasil o país que possui a maior incidência de "cesáreas", pois as mulheres brasileiras, no geral, conservam em suas mentes o mito da dor insuportável do parto normal, preferindo muitas vezes pôr em risco o feto e si mesma, realizando a intervenção cirúrgica, a adotar o procedimento que a natureza lhe reservou.

Com tudo isto, equacionando-se outras questões de cunho interpessoal, como a relação médico-paciente, observavamos que vários aspectos devem ser revistos, com o fito de lapidar as diversas fases em que os profissionais da saúde atuam, acompanhando o desenvolvimento do fenômeno mais belo e poderoso, que é o de trazer ao mundo um ser vivente.

1 TRAJETÓRIA DA RESPONSABILIDADE CIVIL

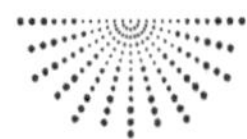

O exercício da Medicina, no princípio, se confundia com a função de sacerdote, isto é, era fortemente ligada à religião professada nos agrupamentos humanos. Predominou, por milênios, o empirismo, uma vez que esta atividade curandeirista ainda não possuía o espírito científico de que se reveste hoje.

Ao fazer uso de seus experimentos com ervas, descobriam algumas propriedades medicinais das mesmas, aplicando-as no dia-a-dia da tribo.

No entanto, se a cura não se apresentasse e o resultado era diverso do pretendido - morte, lesão grave - , o feiticeiro ou sacerdote era responsável, sendo considerado imperito no seu ofício.

Nos primórdios, o médico era tido como mago ou sacerdote, dotado de poderes sobre-humanos, uma vez que não se conheciam as causas e demais conceitos relacionados às doenças, como a reação do organismo a elas.

O documento jurídico mais antigo da humanidade, denominado Código de Hamurabi[1], rei da Babilônia, datando aproximadamente do ano 200 a.C., que se encontra atualmente no Louvre, dispunha em seu teor o ensinamento, caso o olho ficasse perdido, seriam-lhe decepadas as mãos.

No Egito, os médicos, por serem altamente considerados pela sociedade, não eram punidos pela prática mal sucedida, ainda que sobreviesse o resultado morte. Havia uma espécie de "código de ética profissional", que deveria ser seguido à risca, em caso contrário, os médicos seriam condenados à morte, independentemente do resultado danoso no paciente.

O *Corpvs Hippocraticvm*, na Grécia Antiga, continha noções sobre a profissão médica e considerava que a culpa só se apuraria sendo observada a conduta do médico a ser avaliada por um perito na matéria ou por um grupo de colegas. Muitos médicos gregos atuavam em Roma, onde, na condição de vencidos escravos ou libertos, não tinham prestígio algum. Além disso, gregos que não entendiam nada da arte foram para Roma, despontando um grande número de casos de má prática, ocasionando a eles penas duríssimas: chibatadas, crucificação, dentre outras.

Com o surgimento das Universidades, na Grécia Antiga, no século XIII, apareceram corporações organizadas de médicos com várias proteções legais. A Medicina passou do empirismo à ciência.

Nos tempos primitivos, ocorrendo lesão de direito, prevalecia o princípio da vingança privada. A vítima prejudicada ou seus familiares reagiam em desfavor do responsável. Quando surgiu a pena de talião, olho por olho, dente por dente, houve um certo progresso, pois se, anteriormente, não havia qualquer critério convencionado, a retribuição do mal pelo mesmo mal estabelecia a medida da reparação, "o ato injusto se paga com o mesmo injusto".

Este critério supracitado foi incorporado a inúmeras legislações, entre elas a Lei das XII Tábuas, que, em sua Tábua VII, inciso XI, dispunha contra aquele que destruiu o membro de outrem, que fosse aplicada a pena de Talião.

Era previsto o ressarcimento, caso o paciente lesionado ou que viesse a falecer fosse um escravo ou animal.

Havia, pois, naquela época, a responsabilidade objetiva, em que não se apura se houve nexo de causalidade entre a conduta e o dano, ou seja, não importava se o médico empregasse toda a sua técnica em prol do paciente, mas era imprescindível curá-lo.

O *damnvm inivria datvm* consistia em alguém provocar, culposamente, dano em coisa alheia, animada ou inanimada, ou seja, configurava um delito. Existia desde a *Lege VII Tabvlorvm*, mas só com a *Lex Aquilia* passou a ser delito autônomo, onde no terceiro capítulo se estabelecia que quem causasse qualquer dano a coisa alheia animada, exceto a escravo (capítulo primeiro), deveria pagar uma indenização no valor máximo alcançado pela coisa nos 30 dias anteriores ao dano.

Para a configuração do *damnvm inivria datvm*, eram necessários três requisitos: *inivria* (dano contrário ao direito), culpa (decorrente somente da ação do agente com dolo ou culpa em sentido estrito) e *damnvm* (que a coisa sofresse o dano decorrente da ação direta do agente exercida materialmente contra ele).

As obrigações decorrentes deste instituto jurídico eram sancionadas pela ação da Lei Aquília, que era penal e só podia ser intentada pelo proprietário prejudicado, sendo que, se o agente confessasse, pagaria o equivalente ao valor do prejuízo causado (*lvcrvm cessans* e *damnvm emergens*), e, se negasse, pagaria em dobro.

No Direito Romano clássico, o pretor e a jurisprudência - porque muitos fatos causadores dos danos não estavam incluídos no *damnvm inivria datvm* - deixaram de exigir para a caracterização do delito o requisito *corpore corpori* (dano causado diretamente pelo agente; atingindo materialmente a coisa). Assim, o dano poderia ser causado por omissão também, como no caso de um médico abandonar o paciente-escravo, após iniciar o tratamento, vindo este a falecer. A *Lex Aquilia* foi de extrema relevância, pois introduziu a idéia de proporcionalidade entre o dano e a indenização, além de ter criado a acepção de culpa, admitindo a responsabilidade extracontratual.

Houve uma enorme evolução, concernente à responsabilidade civil, quando do surgimento da composição voluntária em que a vítima entrava em acordo com o infrator, obtendo uma compensação pelo dano sofrido, recebendo um resgate denominado *poena*, que consistia numa parcela em dinheiro ou na entrega de um objeto. Mais tarde, este critério recebeu o nome de "composição tarifada".

À medida em que foram consolidando-se cientificamente os conceitos basilares da medicina, tornando-a, então, ciência, ampliou-se a avaliação do erro médico, não vinculando-os apenas, como já mencionado, ao fato objetivo do insucesso.

O século XIX trouxe, com o quase desaparecimento da responsabilidade jurídica, a doutrina chamada "responsabilidade eufemística", pela qual seria necessário que o paciente provasse o erro médico - este deveria ser uma to passível de ser cometido por qualquer homem, independentemente de ser médico -, sendo decisivos os pareceres elaborados pelos peritos e nem cogitada a hipótese de indenização, pois pensavam ser enriquecimento sem causa e vingança contra o profissional da área médica, além de incitar os advogados a propor ações.

A partir de 1832, num caso que chocou a opinião pública na França e operou uma transformação completa na jurisprudência, segundo Newton Pacheco, um médico-obstetra, ao proceder a intervenção na parturiente, após 3 horas de atraso, por não haver passagem vaginal para o feto, pois o braço esquerdo estava no trajeto vaginal, amputou-o; o mesmo ocorrendo com o braço direito, agiu da mesma forma. Levado a julgamento, a Academia Nacional de Medicina da França lhe foi favorável, nomeando quatro dos maiores obstetras da época para elaborar o parecer, que, por sua vez, demonstrou haver uma falta grave por parte do médico. A Academia impugnou o laudo, sento outro emitido por outros médicos. O médico foi condenado a indenizar uma pensão anual de 200 francos.

Historicamente, a responsabilidade civil médica deu passos gigantescos na busca da verificação da existência da culpa, mas é patente que muito ainda deve ser feito em prol da relação médico-paciente e toda a problemática envolvendo ambas as partes, pois a obrigação (dever jurídico originário) deste profissional é de agir dentro dos parâmetros técnico-éticos, surgindo da má conduta a responsabilidade (dever jurídico sucessivo).

2 RESPONSABILIDADE MÉDICA NO DIREITO ESTRANGEIRO

Desde a Lex Aquilia, a teoria da responsabilidade extracontratual, fulcrada na apuração da existência de culpa, vem sendo acolhida por inúmeras legislações, como a francesa, em seu art. 1.382 do Código Civil, que dizia que todo fato qualquer do homem que causasse a outrem um dano obriga aquele pelo erro o qual aconteceu a repará-lo.

No art. 383, do referido diploma legal alienígena, está estabelecida a culpa nas suas modalidades de negligência e imprudência, segundo o qual um é responsável pelo dano que causou não somente por seu agir, mas ainda por sua negligência ou por sua imprudência.

O mesmo princípio aquiliano foi consagrado pelo BGB alemão, em seu § 823, protegendo diversos bens tutelados, a saber: a saúde, a vida, etc.

Nos tribunais portugueses, não figuram muitas ações de responsabilidade médica. Sobre o Código Civil português, em seu art. 483, dispõe o princípio geral. Em terras lusas, quanto ao liame de causalidade, vige o princípio da causalidade adequada, cabendo ao autor o *onus probandi*.

No Direito Inglês e Anglo-Americano, denomina-se *medical malpractice* o dano médico causado a seu paciente. Nos EUA, ações demandadas contra o profissional da saúde existem, estatisticamente, em grande quantidade e cada vez mais freqüentes.

Tanto que Howard P. House, um procurador conceituado, disse ser este tipo de ação o sustento da profissão do advogado.

Igualmente, o direito suíço reconhece a teoria da culpa, sendo intencional (dolo) ou causada por negligência (culpa *stricto sensu*).

No mesmo sentido, acalentam a teoria da culpa os direitos italiano, argentino e espanhol. Neste último, as ações fundadas em culpa contratual prescrevem em 15 anos; mas se embasadas na culpa extracontratual, prescrevem em 1 ano. Na primeira, caberá ao paciente prová-la; na extracontratual, caberá ao médico provar que agiu consoante dita a técnica médica. Em geral, consideram os espanhóis um contrato a relação estabelecida entre o médico e paciente.

3 TEORIAS OBJETIVISTAS E DIREITO POSITIVO

Ao longo da história da responsabilidade civil, engendraram-se distintas teorias relativas ao dano e ao fato que o originou.

A expressão "responsabilidade" provém do latim *respondere*, do qual se originou a expressão *sponsor* - aquele que deve responder.

Inicialmente, em relação às principais correntes doutrinárias, adotou-se a teoria da irresponsabilidade, que se traduzia numa verdadeira injustiça e exercício da arbitrariedade, pois o rei era considerado "irresponsável", portanto, nunca seria responsabilizado por seus atos lesivos. Modernamente, como não havia mais monarquia, o "rei" era o Estado. Se um agente do Estado cometesse um quase delito contra um particular, a responsabilidade seria única e exclusivamente do agente, não do Estado, pois, no momento da conduta, o funcionário se desvinculou temporariamente do Estado, assumindo a responsabilidade sozinho. Vigorou com extrema força na era absolutista. Prevaleceu nos EUA até 1946 e na Inglaterra até 1947.

A teoria da responsabilidade subjetiva exige que se prove

o dano, o nexo de causalidade e a culpa de quem provocou o resultado lesivo. Como já foi explanado, esta teoria vem desde a *Lex Aquilia* romana e está assentada na responsabilidade extracontratual, constando no nosso diploma legal de direito civil.

A teoria da responsabilidade com base na culpa administrativa exige, além do dano ou lesão, a comprovação de: inexistência do serviço; mau funcionamento do serviço; retardamento na prestação do serviço.

A teoria da responsabilidade objetiva ou com base no risco administrativo dispõe que o Estado é obrigado a indenizar, quando houver lesão ao direito de alguém, sem o concurso do ofendido, causado por agente público no exercício regular de sua atividade funcional. Sustenta-se no risco da atividade administrativa e na solidariedade social, estando consagrada no art. 37, § 6º, da CRFB/88. Tem de ser provado o dano e o nexo causal. Se houver dolo ou culpa do agente público, o Estado tem direito de regresso, i. é, tem o direito de acioná-lo judicialmente para reaver a quantia paga ao particular a título de ressarcimento. O Estado se eximirá da responsabilidade, caso haja culpa concorrente do ofendido, ou seja, caso tenha este contribuído para o resultado danoso.

Houve um período em que se cogitou a hipótese de o Estado efetuar o pagamento de toda e qualquer lesão aos administrados, mesmo que estes tivessem agido com dolo ou culpa. Criando-se a teoria da responsabilidade com base no risco integral, configurou-se, então, uma idéia totalmente antitética em relação à teoria da irresponsabilidade, pois nesta o Estado nunca pagava e naquela o Estado sempre o fazia.

Sendo considerada mais ampla do que a objetiva, a teoria da reponsabilidade social tem como base o estado de bem-estar social ou *Welfare State*. Prevista no art. 245 da Constituição de 1988, ainda pendente de regulamentação, nela o

Estado se responsabiliza por danos causados aos administrados, dando plena assistência às vítimas, herdeiros, etc, independente da responsabilidade civil do autor do ilícito.

Após este passeio por algumas teorias, passemos àquelas de cunho objetivista, quais sejam: *perte d'une chance* e *res ipsa loquitur*.

A teoria da perda de uma chance ou *perte d'une chance* guarda relação com a oportunidade de cura, considerando que determinado ato ou omissão do médico não permitiu resultado favorável ao paciente, ou seja, a cura. Esta teoria pode levar à errônea interpretação, em desfavor do médico, de que o médico, por não ter tido resultado favorável o paciente, é o responsável, deixando de considerar que o corpo humano reage de forma diversa de indivíduo para indivíduo, ou seja, o nível de respostas adversas, numa intervenção cirúrgica, é grande e o fator álea é uma constante. Em suma, esta teoria admite que por carregar sobre si a culpa o médico comprometeu as oportunidades de vida e de integridade do paciente.

A teoria da *res ipsa loquitur* é aplicada em alguns Estados dos EUA, consistindo na concepção de que determinado resultado danoso - morte, aleijão - não teria ocorrido ao paciente se não tivesse havido culpa do profissional de saúde. Possui três elementos: dano; causado por médico ou por alguém dirigido por este; o paciente não poderá tê-lo produzido voluntariamente ou por negligência sua.

Adotamos no nosso direito pátrio, quanto à responsabilidade médica, como item principal desta a análise da culpa individual do médico e, em caso de tratar-se de relação de subordinação entre o médico e o estabelecimento hospitalar, a responsabilidade será objetiva, sendo a culpa presumida, tendo este o direito de regresso contra aquele.

Em relação à natureza da responsabilidade médica, podemos dizer que ela é contratual, pois, no momento em que o médico atende seu cliente, surge entre ambos uma figura que se denomina contrato. O médico, no entanto, não tem compromisso com o resultado, dado que a sua obrigação é de meio. Ele se compromete a utilizar todos os meios concernentes à prática de sua especialidade a fim de obter o resultado pretendido, mas não pode prever o resultado advindo da resposta do organismo de seu paciente, que poderá ser positiva ou negativa. A doutrina majoritária considera o contrato médico semelhante ao de locação de serviços.

O art. 951 da Lei nº 10.406/02 estabelece a reparação do dano por quem, no exercício de sua profissão, causar no seu paciente morte, incapacidade ou lesão.

Tomando como parâmetro o médico, a melhor teoria a ser adotada será a responsabilidade subjetiva, nos casos em que ele não for empregado nem preposto do estabelecimento hospitalar, pois deverá ser apurada a culpa do ato médico, investigando o liame de causalidade entre o dano e a conduta que levou ao resultado lesivo.

4 CULPA MÉDICA E VITIMIZAÇÃO

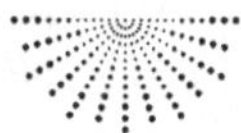

No seio da sociedade, o homem pratica atos que, muitas vezes, levam a um dano. Certos danos característicos podem descambar para a seara jurídica, devido à atividade desempenhada ou profissão. Neste caminho, em se tratando do profissional de saúde, este, no exercício de sua atividade, pode ocasionar danos ao paciente, decorrente de sua culpa, acarretando o nascimento da obrigação sucessória de indenizar.

Consagra-se a teoria da responsabilidade subjetiva, uma vez que a observação é feita em relação ao sujeito que provocou o dano não-desejado e a existência ou não de sua culpa.

Pode-se entender o conceito de dano, considerando este como um fenômeno de ordem física, que o ordenamento pode conferir um efeito jurídico, segundo a doutrina de Bonvicini[2]. Ainda conforme este glosador, o conceito de dano, no seu sentido jurídico, possui um elemento material - representado por um fenômeno de ordem física - e outro formal - representado pela reação suscitada pelo ordenamento jurídico por conseqüência da perturbação causada ao equilíbrio social pela alteração prejudicial de um interesse juridicamente tutelado.

O dano consiste num fator externo que, por violar um bem juridicamente tutelado, invade a seara do Direito, gerando a obrigação de indenizar, respeitando-se a hipótese de existência de culpa ou não do profissional médico.

A culpa tem três principais elementos: conduta voluntária com resultado involuntário, previsão do resultado ou previsibilidade do evento superveniente e falta de cuidado ou atenção do agente.

De acordo com o entendimento de Mirabete[3], a culpa tem as seguintes características: conduta, inobservância do dever de cuidado objetivo, resultado lesivo involuntário, previsibilidade e tipicidade. Entretanto, estes elementos caracterizam a culpa ordinária, mas tem pouca aplicação à culpa médica porque a reação do organismo humano não pode ser prevista e várias vezes foge à normalidade: cada caso é um caso. As modalidades da culpa *stricto sensu* são: imprudência, negligência e imperícia.

A primeira diz respeito a uma atitude de não-observância das cautelas que deveriam ser tomadas, contendo em si a precipitação. Isto ocorre com freqüência na Obstetrícia, tendo em vista que, no instante do parto, a expulsão de fluxo sangüíneo é muito grande, assustando muitas vezes o profissional novato, além de haver intercorrências obstétricas no ato, exigindo do obstetra muita prudência, calma e dinamismo ao adotar o melhor procedimento.

A segunda guarda relação com a falta de ação, quando esta deveria ser praticada, ocasionando resultado lesivo ao paciente. Pode ocorrer na delonga da realização do parto, acarretando o sofrimento fetal acompanhado de convulsões do feto e anoxia, possibilitando a morte do nascituro e até mesmo da gestante por falta do agir do obstetra, ou seja, por sua omissão.

A terceira modalidade é a incapacidade, falta de conhecimentos técnicos no exercício da profissão, não agindo corretamente o médico por não possuir o conhecimento do método, da técnica que deveria dominar.

Pode o profissional lesionar a paciente, adotando método que deveria conhecer, mas desconhece como Obstetrícia contém incontáveis métodos de realização de um parto, que dizem respeito a determinados tipos de concepção, isto é, se tiver lugar uma complicação cuja técnica o médico desconhece, este será seguramente responsável pelo dano que causar a estas duas vidas.

Ressalte-se que, em caso de culpa concorrente do paciente, ou seja, se este contribuir para o resultado, o médico não poderá ser responsabilizado, tal como: se um paciente, sem obter previamente a alta hospitalar, abandona o estabelecimento médico, somente ele será o responsável pelo que advier da sua conduta. Este exemplo não é incomum nos hospitais, após cirurgias.

Portanto, o paciente, a fim de obter em seu organismo o resultado desejado - cura -, deverá seguir todas as orientações médicas à risca. Há casos em que eles não observam as determinações do profissional e depois o processam, causando um extremo constrangimento para o médico que foi diligente, sendo este, pois, vitimizado na relação com o cliente.

4.1 A ANÁLISE DO ERRO MÉDICO

Na análise da Responsabilidade Médica, em relação ao *onus probandi*, o paciente deverá mostrar, por exemplo, que o resultado não foi alcançado, enquanto que ao médico competirá provar fato que o exima da imputação a ele dirigida.

Para aferição da culpa, o laudo exarado por perito especialista na área em questão se faz mister e deverá ser acatado, pois este detém os conhecimentos técnicos, significando atividade de extrema relevância para o processo e de profunda seriedade.

No entanto, frise-se: todas as provas têm valor relativo, inclusive a pericial, podendo conter inexatidões ou defeitos. De acordo com o princípio da livre convicção, o juiz poderá desprezar as conclusões do laudo, pois é o perito dos peritos (*peritus peritorum*). Há inúmeros documentos que integram os autos no processo de apuração da responsabilidade médica, como: diploma do médico e respectiva inscrição no CRM; papéis da anamnese e da evolução do tratamento, com subscrição dos médicos e enfermeiros; cópias de livros ou trabalhos científicos com descrição das técnicas questionadas (três autores consagrados); guia médico-farmacêutico; relatório do anestesista; documentos do paciente (consentimento, pagamento de honorários, etc); certidão de óbito; relatório de necrópsia; análise do funcionamento da aparelhagem; exames de laboratório.

Os meios de prova oscilam entre depoimento pessoal do médico; oitiva das testemunhas; documentos; informes; inspeção judicial; prova pericial. Há aspecto da livre convicção e do convencimento do juiz, que não deverá exigir prova inquestionável, pois seria injusto com o autor (paciente), nem adotar a teoria do risco, que será igualmente injusto com o médico.

O diagnóstico é o primeiro passo para uma conduta correta do profissional. Através de seus dados, saber-se-ão os sintomas, possibilitando a escolha da melhor técnica para o caso, além de exames e procedimentos necessários.

O erro de diagnóstico, por ser um campo estritamente técnico, torna pedregosa a trilha para a apuração judicial. Mesmo porque alterações ou reações do próprio corpo do paciente poderão determinar tal erro. O erro de diagnóstico leva à escolha de tratamento inapropriado à doença do paciente, sendo inescusável em caso de erro grosseiro.

Exames mais completos e específicos devem ser feitos, a fim de obter-se um diagnóstico mais apurado e exato.

O juiz apreciará não o erro de diagnóstico, mas se houve culpa médica.

4.2 IMPREVISIBILIDADE E IATROGENIA

Ao examinar-se a questão da responsabilidade médica, tem especial relevo o étimo "iatrogenia", que consiste no dano advindo do agir do médico em pessoas sadias ou doentes, sendo imprevisível e inesperado este resultado. Traduz-se no emprego de medicamentos, atos cirúrgicos e outros tipos de tratamento desempenhados pelo médico, que não produzem o efeito esperado (a cura), mas podem levar inclusive à morte do paciente.

Exemplifica-se iatrogenia quando o médico, desconhecendo portar o paciente enfermidade que impossibilite a adoção de certa medicação ou remédio, ministra-a ao doente que, por sua vez, sofre reações do próprio corpo e vem a falecer. Caracterizada a existência da iatrogenia - segundo os francese *faute de service* -, esta não enseja nenhuma responsabilidade para o profissional médico, seja civil, penal ou administrativa.

Difere a iatrogenia da Responsabilidade Civil, pois esta decorre da falta objetiva do dever de cuidado, impondo a obrigação de reparar o dano.

É muito delicado o questionamento, no decorrer de um

processo judiciário, sobre qual é o limite da iatrogenia e até que ponto ela pode camuflar uma responsabilidade civil médica, ou seja, havendo culpa do médico, por adotar método de última geração e esta técnica lesar o paciente, ele poderá alegar a iatrogenia para eximir-se da responsabilidade, segundo entendimento de José Carlos Maldonado Carvalho[4].

A teoria da imprevisibilidade, que afasta o nexo causal e, via de conseqüência, afasta a responsabilidade, parece casar bem com a iatrogenia, uma vez que o resultado danoso é imprevisível, devido às diferentes reações de um organismo para outro: a pele, maior órgão do corpo humano, não reage de maneira uniforme no homem.

Assim, o paciente poderá sofrer alterações em seu organismo, que possam afetar sua integridade física, sem que esta esteja inserida no campo da responsabilidade médica, uma vez que ocorre, em dada situação, o fator álea, que pode levar a um resultado não-pretendido.

4.3 CLÁUSULA DE NÃO-INDENIZAR

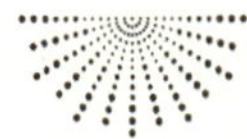

Têm-se tornado muito freqüentes as cláusulas de não-indenizar nos contratos celebrados entre médico e paciente. Estas cláusulas, no entendimento dos tribunais franceses, são inválidas, posto que se fulcram no possível prejuízo à saúde ou integridade corporal do paciente, pois o direito à incolumidade é irrenunciável, salvo circunstâncias especiais: doação de órgãos.

Poder-se-ia, ainda, lançar dúvidas quanto à espontaneidade do acordo ou pacto, pois haveria um vício de consentimento que o tornaria inválido. Em contrapartida à vitimização do médico, ocorreria com a adoção dessa medida - cláusula de não-indenizar -, a vitimização do paciente, que sofreu uma lesão e não será recompensado por isso, acrescendo nele o sentimento de injustiça.

Vale frisar, ainda, que estas cláusulas não possuem eficácia na seara do Direito Penal, pois o *jus puniendi* é posto em prática pelo Estado, mesmo sem interesse do particular. No Direito Civil, antiteticamente, há essa necessidade de interesse do particular que provoca o Judiciário para que este atue.

Trata-se, principalmente, de um direito inalienável, que é o direito à vida, bem maior do homem. Portanto, analisando-se a questão deste tipo de cláusula, não parece em nada razoável conceber uma hipótese em que seja violado um direito de que nem mesmo seu titular pode dispor.

5 ATO MÉDICO

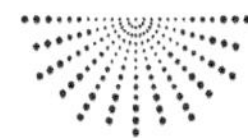

O ato médico traz em sua essência a atividade própria do médico dentro de um nosocômio. É ato privativo do médico, tornado concreto por quem está habilitado para exercer a Medicina.

O ato médico materializa a relação médico-paciente, fazendo a junção da anamnese e o exame físico.

Compreende a anamnese (antecedentes ginecológicos e obstétricos) e exame físico dos pacientes; a formulação e prescrição terapêutica; os exames laboratoriais; a necrópsia; ultrassonografia; exames complementares e terapêuticos; perícias médicas e médico-legais; etc.

5.1 CÓDIGO DE ÉTICA MÉDICA

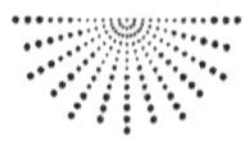

O Código de Ética Médica estabelece desde os princípios norteadores da relação médico-paciente até os direitos e deveres dos pacientes.

Uma relação agradável entre o médico e a paciente é imprescindível para que se estabeleça a confiança entre as partes, o que nem sempre ocorre. A violação do direito de obter plena informação leva a paciente a compreender que o médico não se envolveu com seu caso, pouco importando-se com ela. A paciente quer participar dos questionamentos e das decisões, portanto, deve ser devidamente munida de informações sobre seu estado com muito carinho para que não se sinta desamparada.

Em todos os Conselhos Regionais de Medicina existe um setor denominado PEP (Processo Ético-Profissional) que trata dos processos médicos na esfera administrativa, ou seja, internamente. Estes processos são extremamente sigilosos, tamanho é o grau de exposição que sofre o médico. Destarte, somente quem está vinculado ao processo poderá ter vista dos autos a fim de analisar seu teor. Os processos seguem um procedimento diferente daqueles da Justiça comum. Mesmo as partes interessadas, caso desejem efetuar fotocópia dos autos excedendo 10 páginas, deverão fazer uma solicitação por escrito e buscá-las dias depois.

Alguns processos do PEP chegam, somente com a peça exordial, ao 4º volume, tal é a quantidade de documentos juntados. A honra do profissional é que está em jogo. Por esse motivo, sua culpa terá de ser apurada pelo Judiciário, mas o paciente, algumas vezes, procede de forma inesperada, acarretando danos a si mesmo, inclusive em casos de abandono da unidade hospitalar sem alta médica.

Do paciente também se deve esperar uma conduta honrada e digna para consigo e seu médico. Ressalte-se que estes casos de abandono do nosocômio sem alta não são raros, ocorrendo até mesmo com esposas de médicos orientadas pelos maridos a deixar a mencionada unidade.

5.1.1 PRINCÍPIOS

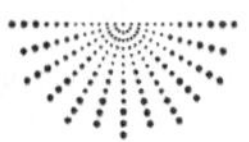

O princípio básico que norteia o Código de Ética Médica, de extrema relevância, diz respeito aos direitos e deveres dos pacientes.

A natureza contratual da relação médico-paciente deixa claro que a mesma gera para ambos direitos e deveres. A obrigação do médico é sempre de meio nunca de resultado, pois ele não poderá garantir a cura - resultado -, mas deverá empregar todos os meios técnicos à sua disposição para alcançar a meta da cura.

Basicamente, os pacientes têm os seguintes direitos: ter um prontuário com todas as informações prestadas e acesso irrestrito às anotações efetuadas pelo médico; ser questionado sobre seus sintomas; ser examinado diligentemente e todos os meios que a medicina oferece à sua disposição; ser submetido aos exames complementares necessários; entre outros.

Da mesma maneira, os principais deveres são: remunerar o trabalho médico, direta ou indiretamente; dar informações corretas sobre seu histórico de doenças, hábitos sociais e outros, não omitindo a verdade; descrever, com clareza, seus sintomas desde o início da doença; entre outros.

Por ser tão delicada, deve haver muita franqueza e confiança entre os sujeitos integrantes desta relação. Existem outros princípios, porém este é o primordial por ser aquele que inicia o vínculo entre as partes: confiança.

Esta confiança que se estabelece é recíproca, ou seja, o paciente acredita na técnica do médico e este crê nas informações que a paciente lhe dá para que seja traçada a primeira linha em direção à meta da cura.

5.1.2 INTERPRETAÇÃO

A interpretação do Código de Ética Médica atende aos requisitos do bom senso, adequando o comportamento esperável das partes ao parâmetro do bom relacionamento das mesmas.

Ressalte-se que também trata o Código de Ética Médica da relação dos médicos entre si, mas esta não será abordada neste trabalho.

A exegese de todos os artigos deste Código não tem de pender nem para um lado, nem para o outro, isto é, não deve ser feita com o escopo de desfavorecer nem uma parte, nem outra. O interesse contido no teor deste diploma deontológico é o de coesão, ligação, união de esforços convergindo para um bom resultado, que é esperado, mas nem sempre acontece.

O entendimento é aquele de priorizar a melhor forma de se proceder a interação entre os dois pólos desta relação com o fito de embeber-se de uma ambiência agradável em direção à cura, ou a quaisquer outros resultados.

5.2 ESPECIALIDADE VERSUS RESPONSABILIDADE

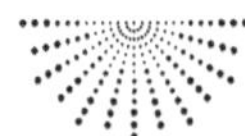

Na aferição da culpa, deve esta incidir sobre o especialista que causou o resultado, não os outros. Na Obstetrícia, diversos profissionais atuam no processo da gestação, seja no momento de anestesiar, seja no momento de exame ultra-sonográfico, seja na própria intervenção obstétrica.

Tal pensamento é justificável, visto que um especialista não pode responder por aquilo que outro causou.

Neste momento, para apuração do responsável, os diferentes atos e suas conseqüências devem ser separados e atribuídos àquele que os pôs em prática, para efeito de determinação do ato que conduziu à lesão na paciente.

Alguns profissionais que atuam de forma crucial na parturiente são: anestesista, radiologista, obstetra e pediatra.

5.2.1 A FIGURA DO ANESTESISTA

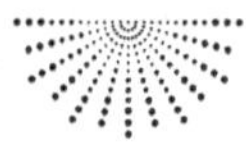

James Simpson, em Edimburgo[5], ginecologista de renome, usou, pela primeira vez, o éter para amenizar o sofrimento do parto, em oposição ao entendimento da Igreja. Segundo esta, era uma heresia a mulher dar à luz anestesiada. Simpson alegou que o próprio Deus anestesiou Adão, adormecendo-o, para tirar-lhe a costela e fazer Eva. Muitas descobertas tiveram lugar até chegarmos aos dias de hoje, com os diversos tipos e métodos de anestesia.

A anestesia geral é a técnica mais indicada na cesariana. A raquianestesia tem seus inconvenientes, como cefaléia pós-anestésica e hipotensão. A peridural-lombar requer, ainda, vários cuidados, em face do grande de anestésico e de adrenalina injetados. Haverá sempre passagem transplacentária dos agentes injetados na gestante, maior na anestesia geral do que na peridural, e desprezível na raquidiana. A grande vantagem da geral é a boa oxigenação e a rapidez do efeito desejado.

O método peridural é o mais empregado (cateter introduzido na coluna lombar).

Em relação à modalidade imperícia, o anestesista responderá pelo dano causado, decorrente da falta de conhecimento técnico e mau resultado da aplicação analgésica, como exemplo o acórdão:

"RESPONSABILIDADE CIVIL - DANO MORAL - ERRO MÉDICO - CARACTERIZAÇÃO DEMONSTRADA - CIRURGIA CESARIANA - RAQUIANESTESIA APLICADA POR MÉDICO SEM APTIDÃO - AÇÃO MECÂNICA - REAÇÃO IMEDIATA - OMISSÃO DO AUTOR DO PROCEDIMENTO - SEQÜELAS - INDENIZAÇÃO DEVIDA - VALOR - CRITeERIOS DE ARBITRAMENTO - Caracterizado o erro procedimental na inserção da agulha no ato da aplicação da raquianestesia, cuja reação do paciente foi imediata, restando-lhe sérias seqüelas, inclusive de ordem estética, sem que qualquer providência tenha sido tomada pelo autor do procedimento médico, a responsabilidade civil se impõe. A indenização por dano moral não tem como objetivo de reparar a dor, que não tem preço, mas de compensá-la de alguma forma, minimizando os sofrimentos do beneficiário, devendo o julgador agir com bom senso, de acordo com as particularidades de cada caso. O valor não deve ser baixo a ponto de ser irrelevante para o condenado e nem alto de modo a proporcionar o enriquecimento sem causa do beneficiado. (TJMS - AC 67.928 - Classe B - XV - Sete Quedas - 1º T. Cív. - Rel. Des. Atapoã da Costa Feliz - J. 07.12.1999)"

Contudo, o anestesista só responderá por erro grosseiro, ou seja, aquele que não se espera de um profissional desta especialidade, exatamente por conhecer a técnica. Isto quer dizer também que, como já foi dito, cada organismo é diferente, sendo impossível prever a reação à medicação utilizada.

Provavelmente, o mais perigoso momento do procedimento anestésico é o da descontinuação da anestesia e o despertar do paciente, sendo necessário um largo período de observação pós-operatório. É neste momento que o julgamento cuidadoso do anestesiologista vai identificar o tempo ideal para retirada do tubo endotraqueal.

Outro momento perigoso é o instante de transporte da sala de operação para a sala de recuperação pós-anestésica, particularmente para o neonato é mais seguro transportá-lo para a UTI neonatal ainda entubado e sendo ventilado pelo tudo endotraqueal.

O anestesista deve ter em consideração que sua técnica é uma das mais importantes numa intervenção cirúrgica, podendo da má técnica advir seqüelas seríssimas para a gestante e o feto. Este é o entendimento que tem de orientar este especialista.

Dentro desta concepção, o anestesista e somente ele deverá ministrar na parturiente o anestésico, incidindo sobre ele a responsabilidade, em caso de delegação de sua atribuição como *expert*. Neste sentido, vide a ementa abaixo, *in verbis*:

"GRAVIDEZ DE ALTO RISCO - 37 SEMANAS DE EVOLUÇÃO - DEVER DO MÉDICO DE REALIZAR O PARTO E NÃO INIBI-LO - EXAME DE ECOGRAFIA TARDIO - INFRAÇÃO AOS ARTS. 29 E 57 DO CEM - DENÚNCIA PROCEDENTE.

Se a gravidez era de alto risco e com 37 semanas de evolução, deveria o médico-assistente terminar o parto e não inibi-lo, razão pela qual restou caracterizada infração ao art. 29 e também ao art. 37 do CEM, posto que não usou todos os meios disponíveis a seu alcance em favor da gestante, só realizando exame de Ecografia tardiamente e já em caráter de emergência (PEP 018/90-PR - Rel. Cons. João Zeni Júnior)"

5.2.2 O PAPEL DO RADIOLOGISTA

O radiologista que efetuar exame do paciente, erroneamente, vindo este a falecer, responde pelo que cometeu.

Pode ocorrer resultado do exame, constando normalidade do paciente, mas, estando doente, não tem tempo adequado para tratar-se (erro em ultra-sonografia, tomografia computadorizada, etc). O artigo 18 do Código de Ética Profissional do Técnico em Radiologia define a responsabilidade deste especialista civil e criminalmente seja pelas três modalidades de culpa, seja também pela omissão que causar dano ao paciente.

Alguns casos de erro no diagnóstico do radiologista se referem à gravidez ectópica e à operação cesariana.

5.2.3 O OBSTETRA E SUA VITIMIZAÇÃO

De tudo o que foi exposto, percebe-se a gama de profissionais especialistas ligados à gestante e ao nascituro. Por este motivo, incide sobre determinado médico a culpa decorrente de sua conduta lesiva.

O obstetra, por ser visto pela parturiente como figura mais importante na gestação, é duramente vitimizado quando da propositura das ações. No entanto, não demonstrando os fatos alegados com as provas apresentadas, o obstetra não será responsabilizado. Não se nota o estado de constrangimento para o profissional dedicado, no momento em que tem intentada contra si uma ação indenizatória.

O erro abrange, em suma, toda esta diversidade de médicos, tais como: pediatra e obstetra.

6 INTERCORRÊNCIAS OBSTÉTRICAS

Segundo os dados estatísticos[6], a gineco-obstetrícia é a especialidade mais freqüentemente relacionada às ações indenizatórias por má prática médica, após a cirurgia estética.

Por sua vez, os obstetras alegam que, na maioria dos casos, a parturiente se dirige ao hospital já em situação complicada. Este raciocínio não é correto, levando a crer que, por ser uma função normal do organismo humano, a reprodução não teria complicações se não fosse pelo comportamento da gestante, por exemplo. Totalmente errôneo, pois o médico não poderá eximir-se da responsabilidade que lhe couber e, caso a parturiente esteja em risco, poderá significar que ela não foi bem acompanhada no pré-natal. A ausência de acompanhamento pré-natal já é por si só um fator de risco.

Alguns fatores, segundo o Ministério da Saúde, indicam a gestação de alto risco, a saber: características individuais e condições sócio-demográficas desfavoráveis; história reprodutiva anterior à gestação atual; doenças obstétricas na gestação atual; intercorrências clínicas.

Segundo Delascio[7], o fantasma que mais persegue a gestante é a hemorragia juntamente com a infecção puerperal e a toxemia aguda da gravidez, consistindo nas três causas de obituário materno e perinatal. Por isso, o médico deverá assim acompanhar devidamente toda a gestação a fim de identificar quaisquer patologias, através do exame clínico, bem como o radiologista tem também acentuada relevância nos diagnósticos ultra-sonográficos - importantíssimos por sinal.

Uma das características do período neonatal são as altas taxas de mortalidade devido ser uma fase de grande fragilidade do ser humano e a alta propensão à ocorrência de seqüelas muitas vezes incapacitantes e de longa duração. Para que estas taxas diminuam e haja recuperação sem seqüelas, é indicado o encaminhamento para um hospital que tenha Unidade de Tratamento Intensivo Neonatal e, para que esse encaminhamento ocorra de forma adequada, é uma forte estrutura para ser realizado o necessário serviço de transporte. O transporte deverá considerar o tipo de gestação, ou seja, de baixo, médio ou alto risco. O último exige maior cuidado na execução do deslocamento neonatal para a UTIN.

6.1 CHOQUE EM OBSTETRÍCIA

Com freqüência, o obstetra encontra o choque hemorrágico, porém existem inúmeras situações que podem trazer um estado de choque. O choque poderá levar à hipoxia celular generalizada e, via de conseqüência, lesão de órgãos vitais.

O choque pode acarretar gravíssimas conseqüências para a gestante e o nascituro, envolvendo durante todo o processo obstétrico diagnósticos clínicos (do clínico), obstétricos (do obstetra), ultra-sonográficos (do radiologista) e avaliações do pediatra. Portanto, é muito delicada a apuração da responsabilidade do especialista que errou no diagnóstico. Deve-se atentar para o fato de que muitas vezes, devido à peculiaridade de cada paciente, alguns sinais iniciais do choque obstétrico são indetectáveis, não podendo ser por isso responsabilizado o profissional médico.

6.2 GRAVIDEZ ECTÓPICA

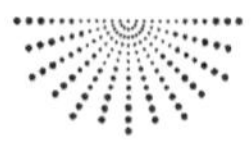

A gravidez ectópica consiste na nidação do ovo fora da cavidade uterina e pode ser diagnosticada através de dados clínicos - anamnese (histórico) e exame físico - e ultra-sonografia.

Entre as diferentes localizações da gravidez ectópica, há predominância absoluta da tubária.

O diagnóstico clínico se fulcra na análise dos elementos constantes do quadro clínico. Uma negligência pode levar a paciente ao óbito. Alguns casos de gravidez ectópica dificultam o diagnóstico. Assim, certos exames complementares se fazem necessários a fim de eximir a culpa do obstetra.

É difícil, em muitos casos, o diagnóstico clínico da gravidez ectópica, sujeitando a erros de diagnóstico, que, por não ter o profissional relação com nenhuma das modalidades de culpa, é isento da mesma. No entanto, devido à própria particularidade do tempo de tratamento e da gravidade da gravidez ectópica, o profissional médico deverá, na desconfiança, proceder exames complementares detalhados para um diagnóstico eficaz, que dá a oportunidade de salvar a gestante, por exemplo, uma vez que este tipo de concepção é perigosa.

A mortalidade materna diminuiu bastante com o progresso da ciência, mas a possibilidade de sobrevida do feto são muito remotas, considerando que o concepto tem debilidades e má-formação (devido à hipoxia nas primeiras semanas, por exemplo).

6.3 OPERAÇÃO CESARIANA

A origem do termo "operação cesariana" é muita controversa. Segundo Numa Pompílio, imperador romano, através da *Lex Regis de Inferendo Mortis*, passou-se, mais tarde à *Lex Caesarea*, de onde teria emanado a denominação. Alguns atribuem a origem ao étimo latino *sectio caesarea*, os dois termos significam "cortar", criados pelo jesuíta Teófilo Raynaudus (1583-1663). Consoante entendimento de Plínio (23-79 a.D.), atribui-se esta expressão ao nascimento de Caio Júlio César (101-44 a.D.). Uma lenda num manuscrito catalão do século XV dizia que um homem abriu com a espada o ventre de uma mulher, que se contorcia entre os mortos, após um motim havido em Roma, tirando a criança viva. Tendo sido massacrados - *caesi* - os pais, deram-lhe o nome de César.

A cesariana, cesárea ou tomotocia consiste num ato cirúrgico em que se efetua a incisão do abdome e da parede do útero a fim de remover o feto já desenvolvido.

As principais causas de intercorrências médicas concernentes à operação cesariana são: hemorragia, extração fetal difícil e aderências (vesicais, epiplóicas, intestinais). Muitas vezes, os obstetras não procedem a abertura do ventre e a histerectomia segundo a técnica. Há desde lesões produzidas pelo bisturi a paralisias.

Observe-se a ementa do Conselho Regional de Medicina do Paraná:

"DENÚNCIA - PARTO CESÁREO A TERMO - SÍNDROME DE "WEST" SECUNDÁRIA - LAUDO NEUROLÓGICO COM REFERÊNCIA A SOFRIMENTO FETAL HIPÓXICO-ISQUÊMICO - NEGLIGÊNCIA - ARTS. 57, 29 E § 2º DO CEM - ABSOLVIÇÃO.

A intercorrência registrada com o recém-nato não pode ser responsabilizada ao parto cesáreo efetuado, visto que toda a prova produzida aponta ter a criança nascido e tido alta em boas condições de saúde.

Ademais, roborando tal assertiva, em momento algum os médicos, obstetra, auxiliar de cirurgia, pediatra de sala de parto, noticiaram em prontuário, da necessidade de qualquer tipo de cuidado especial à criança.

Absolvição que se impõe por falta de elementos tipificadores da conduta prescrita pelos dispositivos legais invocados (PEP 014/89 - PR - Re. Cons. Luiz Sallim Emed)".

A Ementa acima transcrita demonstra a atitude muito comum do paciente em relação ao médico, que, às vezes, é visto pela gestante como um garantidor de resultados positivos, como um salvador. Na verdade, o médico não é onipotente, mas pode com toda a certeza responder, quando de seu erro técnico. Acima, todas as provas indicaram a ausência de intercorrências durante o parto e o prontuário ratificou esta afirmação. No entanto, frise-se que a responsabilidade médica não deverá ser investigada somente em relação ao momento da intervenção cirúrgica, ou seja, do parto. Há uma série de exames anteriores a este, que poderão detectar futuros problemas para ambas as vidas.

O elemento mais importante a ser considerado na intervenção cirúrgica para retirada do feto é a sua urgência. Qualquer dilação no agir médico, poderá causar lesões no feto e na gestante, podendo conduzir à morte, embora deva proceder o médico com extremo rigor técnico. Neste sentido, observe-se a jurisprudência abaixo:

"RESPONSABILIDADE CIVIL DE ESTABELECIMENTO HOSPITALAR - RESPONSABILIDADE CIVIL DE MÉDICO - PARTO - ERRO MÉDICO - CIRURGIA CORRETIVA - NECESSIDADE - RESSARCIMENTO DOS DANOS - DANO MORAL - RESPONSABILIDADE SOLIDÁRIA - "Ordinária e Cautelar. Indenização. Responsabilidade civil. Hospital. Erro médico. Demora na realização da cesariana. Conseqüente surgimento de fístula vésico-vaginal na paciente. Necessidade de cirurgia corretiva. Prova pericial. Demonstração do nexo causal. Ocorrência de culpa. Dano moral configurado. Dever reparatório que se impõe. Ausência de incapacidade laborativa. Pensão mensal. Inadmissibilidade. Recursos improvidos. Demonstrando a perícia inicial técnica produzida que a demora na realização da cesariana, já que o caso indicava uma rápida intervenção cirúrgica dessa modalidade, provocou na paciente o surgimento de fístula vésico-vaginal, a indicar a necessidade de outra cirurgia corretiva, estabelecida está a relação de causalidade, assim como ocorrente a culpa e configurado o dano moral, este consubstanciado no sofrimento oriundo da própria lesão acontecida, a qual ocasionou perda urinária contínua, circunstância que implica em transtornos e constrangimentos que passaram a ser experimentados por essa paciente, do que resulta, como conseqüência, a obrigação de indenizar, que deve ser suportada tanto pelo hospital onde dita paciente internou-se, como pelo profissional, médico que a atendeu. Porém, em tal hipótese, se ausente a incapacidade para o trabalho,

aliada à falta de comprovação do exercício de qualquer atividade laborativa, admissível não é que se inclua na reparação devida verba a título de pensionamento mensal" (GAS). (TJRJ - AC 11543/98 - (Reg. 170599) - 3º C. Cív. - Rel. Des. Antônio Eduardo F. Duarte - J. 16.03.1999)"

A cesariana constitui-se em medida substitutiva do procedimento normal, pois contém riscos inerentes que podem ser graduados em escala crescente, conforme o histórico da paciente e as condições de seu organismo. A administração de medicamentos na cesárea é muito cautelosa, pois todo fármaco utilizado é absorvido pelo corpo, podendo trazer prejuízos ao parto e mesmo ao feto intra-útero.

Para que não ocorra anoxia no feto, não deverá haver delonga na realização do parto, pois o feto poderá ingressar num quadro de sofrimento fetal e ser lesado em muitos aspectos, tais como: perda de funções, danos neurológicos, dentre outros. Estes pormenores deverão ser levados em conta pelo advogado da paciente ao analisar as circunstâncias de realização da gestação. Por outro lado, deverá o advogado do médico provar que este não errou tecnicamente, pois o fator álea é inerente a qualquer intervenção cirúrgica e a cesariana pode ser extremamente perigosa.

6.4 ANOXIA PERINATAL

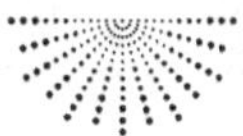

Em sentido lato, a anoxia consiste em todas as circunstâncias em que há privação substancial de oxigênio no organismo, sendo em Obstetrícia uma das causas de maior mortalidade perinatal, principalmente nas primeiras 24 horas de vida do neonato. Nos prematuros, em 70% a 90%, tem origem no aparelho respiratório.

O estado em que o feto perde oxigenação no cérebro é gravíssimo. Muitas vezes, pela imensa quantidade de partos realizados por dia, pode haver uma negligência médica no que toca ao momento do parto, pois, em existindo demora no agir, o nascituro poderá ter convulsões dentro do útero o que vem a acarretar anoxia, ou seja, ausência de oxigênio.

Nos instantes cruciais do nascimento, estarão participando deste evento, principalmente: o anestesista, o pediatra e o obstetra. Portanto, desnecessário enfatizar que todos têm o dever de proceder com a diligência devida, evitando, desse modo, intercorrências para a mãe e seu filho.

Ocorrem casos em que a mãe deseja a intervenção cirúrgica, isto é, operação cesariana, no entanto, se houver o risco do nascituro sofrer anoxia por demora no proceder médico, este profissional deverá agir, em havendo trajeto vaginal suficiente ao parto normal.

O pediatra, a título exemplificativo, poderá incorrer em culpa quando indicar ao anestesista que naquele determinado instante, no período das contrações do parto, há dilatação suficiente para iniciar a aplicação do anestésico. Este grave erro poderá conduzir a diversas ocorrências, sendo responsável o pediatra que determinou a aplicação e também o anestesista, caso este não verifique todas as condições concernentes a sua especialidade, a fim de proceder à aplicação.

O anestesista deverá ter o cuidado ao ministrá-la, pois os analgésicos e anestésicos poderão transpor a placenta e afetar o sistema nervoso do feto, deprimindo os centros respiratórios, podendo levar à morte fetal.

A anoxia também ocorre - e muito - nas fases intrauterina e natal. Há três fases de evolução: traumática; anóxica; anóxica e má-formação.

Os fatores de maior incidência da anoxia são: parto prolongado; anestesia e analgesia; operação cesariana; infecção intraparto; hipertonia uterina; rotura prematura da bolsa das águas.

No parto, a avaliação dos batimentos cardíacos fetais é feita através de métodos clínicos e eletrônicos, na monitoragem. Ressalte-se que o profissional que efetuar a avaliação, em caso de falha, deverá ser responsabilizado.

É mister realçar que se deve evitar o parto prolongado, o qual se constitui na principal causa de anoxia. O período expulsivo, anoxiante por excelência, deve ser abreviado.

Ocorrendo a anoxia, exatamente por falta de oxigênio no cérebro do feto, este poderá sofrer gravíssimas lesões neurológicas provenientes deste tipo de privação, tais como: desenvolvimento físico ou mental incompleto, havendo paralisia ou desenvolvimento mental incompleto.

Para o devido diagnóstico da anoxia e do sofrimento fetal, é necessária a conjunção de vários profissionais, cada um responsável pelo quinhão que lhe couber referente a sua especialidade. Como existem exames diversos, o erro de diagnóstico deverá ser descoberto e associado ao profissional que efetuou a avaliação e determinou o diagnóstico.

CONCLUSÃO

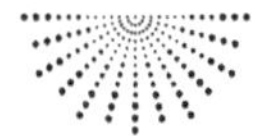

$\mathcal{A}$o longo da História, como se pôde observar, as teorias da Responsabilidade se tornaram mais coerentes e justas. Quanto ao médico, como profissional empenhado em sua obrigação de meios não de resultado, a responsabilidade subjetiva veio trazer maior adequação à realidade do agir médico, uma vez que deverá ser apurada a sua culpa.

Como as demandas judiciais contra o obstetra são em grande quantidade, este, pela má relação médico-paciente, é vitimizado. Deve-se levar em conta que algumas vezes os outros profissionais são esquecidos, mas destes se originaram os erros nos diagnósticos, por exemplo.

Portanto, no momento de analisar-se a questão, deve-se pesar a culpa do profissional especialista que causou o dano, só assim poderá proceder-se com verdadeira justiça.

O fator imprevisibilidade é uma constante, pois cada organismo reage de uma determinada maneira. Desse modo, a investigação da culpa médica é direcionada à possibilidade de previsão daquele resultado lesivo e ao uso devido da técnica médica a fim de alcançar-se êxito no tratamento.

Enormes passos foram dados com a criação dos primeiros métodos anestésicos, mas o corpo médico ainda não alcançou dois pontos primordiais desta trajetória: maior calma do profissional e melhoria da relação médico-paciente.

Durante todo o processo de concepção, o obstetra tem de informar à gestante do seu quadro clínico. Exames complementares deverão ser feitos, ao mínimo sinal de complicações, pois a gestação envolve duas vidas que podem vir a falecer, em virtude da negligência, imprudência ou imperícia médicas.

O esclarecimento de que nem um resultado danoso, nem um processo judicial são desejados pelo médico, nem pela paciente, nem pela sociedade, se faz necessário.

Algumas das diretrizes que devem ser tomadas são: a melhoria na relação (já referida), o aperfeiçoamento científico continuado e uma visão menos elitista da profissão.

Os profissionais, às vezes, não dispõem de espaço temporal suficiente para freqüentar cursos de aperfeiçoamento técnico, devido ao rotineiro compromisso com a prática de sua ciência. Portanto, exige-se que, pelo menos, o médico esteja a par dos avanços da Medicina, no que pertine a sua especialidade, consoante o critério de razoabilidade, ou seja, o mínimo de aprimoramento que lhe deve ser exigido.

No que toca à visão do médico, a saída seria uma reformulação desta a fim de que se considere uma concepção da saúde em todos os aspectos individuais, pois o médico atenderá ao ser humano, que possui um elemento material (corpo) e outro espiritual (sentimentos e emoções), constituindo-se, pois, numa relação em que o item confiança deve figurar como carro-chefe.

Talvez este deva ser o caminho a ser trilhado em prol de um entendimento maior entre o profissional e seu paciente, o que repercute, indubitavelmente, em todas as esferas em que estes interagem.

NOTAS DE RODAPÉ

[1] O Código de Hamurabi foi escrito em caracteres cuneiformes e gravado numa estela de diorito negro de 2,25m de altura, somente uma parte dele, hoje no Museu do Louvre, em Paris, na França, foi descoberta em 1901, em Susa, por Jacques de Morgan e decifrada pelo Padre Vincent Scheil.

[2] BONVICINI, Eugenio. *La responsabilità civile*. Milano: Giuffrè Editore, 1971. v.2

[3] MIRABETE, Júlio Fabbrini. *Manual de Direito Penal*. 15 ed. São Paulo: Atlas, 1999. v.1

[4] LUZ, NewtonWiethorn da; OLIVEIRA NETO, Francisco José Rodrigues; THOMAZ, João Batista. *O ato médico: aspectos éticos e legais*. Rio de Janeiro: Rubio, 2002.

[5] DOGLIOTTI, A. M. *Tratado de anestesia: narcose - anestesia local, regional e espinhal*. Rio de Janeiro: Científica, 1943.

[6] KFOURI NETO, Miguel. *Culpa médica e ônus da prova: presunções, perda de uma chance, cargas probatórias dinâmicas, inversão do ônus probatório e consentimento informado. Responsabilidade Civil na Pediatria e Responsabilidade Civil em Gineco-Obstetrícia*. São Paulo: Revista dos Tribunais, 2002.

[7] DELASCIO, Domingos. *Síndromes hemorrágicas da gestação*. São Paulo: Sarvier, 1987.

REFERÊNCIAS

ALVES, José Carlos Moreira. *Direito Romano*. Rio de Janeiro: Forense, 1998. v.2.

AVERY, Gordon B.; FLETCHER, Mary Ann; MACDO-NALD, Mhairi G. *Neonatologia: fisiopatologia e tratamento do recém-nascido*. 4 ed. Belo Horizonte: Medsi, 1999.

BONVICINI, Eugenio. *La responsabilità civile*. Milano: Giuffrè Editore, 1971. v.2.

CORRÊA, Mário Dias; ALVES FILHO, Navantino. *Manual de perinatologia*. 2 ed. Belo Horizonte: Medsi, 1995.

DELAMARE, Valery; GARNIER, Marcel. *Dicionário de termos técnicos de medicina*. 20 ed. rev. e aum. por Jean Delamare e Jacques Delamare. São Paulo: Garnier, 1984.

DELASCIO, Domingos. *Síndromes hemorrágicas da gestação*. São Paulo: Sarvier, 1987.

DELASCIO, Domingos; EL-KADRE, Dib. *Anoxia perinatal*. São Paulo: Sarvier, 1975.

DOGLIOTTI, A. M. *Tratado de anestesia: narcose - anestesia local, regional e espinhal*. Rio de Janeiro: Científica, 1943.

FANAROFF, Avroy A.; KLAUS, Marshall H. *Alto risco em neonatologia*. 2 ed. Rio de Janeiro: Interamericana, 1982.

FILSTON, Howard C. *Surgical problems in children: recognition and referral*. London: The C.V. Mosby Company, 1982.

FRANÇA, Genival Veloso. *Medicina legal*. 4 ed. Rio de Janeiro: Guanabara Koogan, 1995.

KFOURI NETO, Miguel. *Responsabilidade civil do médico*. 2 ed. rev. ampl. São Paulo: Revista dos Tribunais, 1996.

______________. *Culpa médica e ônus da prova: presunções, perda de uma chance, cargas probatórias dinâmicas, inversão do ônus probatório e consentimento informado. Responsabilidade Civil em Pediatria e Responsabilidade Civil em Gineco-Obstetrícia*. São Paulo: Revista dos Tribunais, 2002.

LIMA, Alvino. *Culpa e risco*. 2 ed. rev. ampl. São Paulo: Revista dos Tribunais, 1996.

LUZ, Newton Wiethorn da; OLIVEIRA NETO, Francisco José Rodrigues; THOMAZ, João Batista. *O ato médico: aspectos éticos e legais*. Rio de Janeiro: Rubio, 2002.

MINISTÉRIO DA SAÚDE. Secretaria de Políticas de Saúde. Departamento de Gestão de Políticas Estratégicas. Área Técnica de Saúde da Mulher. *Gestação de alto risco: Manual Técnico*. 3 ed. Brasília, 2000.

MIRABETE, Júlio Fabbrini. *Manual de Direito Penal*. 15 ed. São Paulo: Atlas, 1999. v.1.

NUNES, Luiz Antônio Rizzatto. *Manual de monografia jurídica*. São Paulo: Saraiva, 1997.

PINHEIRO, Ralph Lopes. *História resumida do Direito*. 6 ed. Rio de Janeiro: Thex Ed. Biblioteca Universidade Estácio de Sá, 1997.

REZENDE, Jorge de. *Operação cesariana*. 2 ed. Rio de Janeiro: Guanabara Koogan, 1992.

RODRIGUES, Sílvio. *Direito Civil*. 24 ed. rev. São Paulo: Saraiva, 2002. v.4.

SEBASTIÃO, Jurandir. *Responsabilidade médica civil, criminal e ética: legislação positiva aplicável*. Belo Horizonte: Del Rey, 1998.

SILVA, De Plácido e. *Vocabulário jurídico*. Rio de Janeiro: Forense, 1998.

UNIVERSIDADE FEDERAL FLUMINENSE. Pró-Reitoria de Pesquisa e Pós-Graduação. *Apresentação de trabalhos monográficos de conclusão de curso*. 6 ed. rev. ampl. por Estela dos Santos Abreu e José Carlos Abreu Teixeira. Niterói: EdUFF, 2003.

VIEIRA, Luzia Chaves. *Responsabilidade civil médica e seguro: doutrina e jurisprudência*. Belo Horizonte: Del Rey, 2001.

GLOSSÁRIO

ADERÊNCIA - (*adhaerere*, estar amarrado) União congênita ou cicatricial de duas superfícies contíguas normalmente independentes.

ANAMNESE - (αvα, de novo; μvασθαι, lembra-se) Ensinamentos fornecidos pelo próprio doente ou pelos que o conhecem sobre o começo de sua doença até o momento em que ele se acha submetido à observação do médico.

ANOXIA - (αv, privação; οξυς, oxigênio) Diminuição da quantidade de oxigênio distribuída aos tecidos pelo sangue na unidade de tempo; ela é conseqüência da anoxemia. Quando essa diminuição é pequena, ela é chamada hipoxia.

CONCEPTO - A criança concebida.

GRAVIDEZ ECTÓPICA - (εχ, fora; τοπος, lugar) É a gravidez que se desenvolve fora da cavidade uterina.

GRAVIDEZ TUBÁRIA - É a gravidez desenvolvida nas trompas de Falópio.

HIPOTENSÃO - Sinônimo de hipotonia. É a diminuição da tensão.

HIPOXIA - (υπο, οξυς) Vide *anoxia*.

HISTERECTOMIA - (υστερα, τοπη, secção) Incisão do útero.

IATROGÊNICO - (ιατρος, γενης, que é engendrado) Que é provocado pelo médico.

NEONATAL - Primeiro mês da vida, após o qual o recém-nascido se torna lactente até o fim do segundo ano.

PERINATAL - Referente aos períodos que precedem ou seguem imediatamente o nascimento.

RAQUIANESTESIA - (ραχις, anestesia) Método de anestesia parcial consistindo em injetar, por punção lombar, nos espaços subaracnóideos, uma substância que, agindo diretamente sobre a medula, provoca a anestesia das regiões inervadas pelos nervos subjacentes.

RAQUIDIANA - Sinônimo *raquianestesia*.

SÍNDROME DE *WEST* - Síndrome primitiva, ou às vezes secundária a lesões cerebrais, surgindo nos primeiros meses de vida.

TOXEMIA AGUDA - (τοξιχον, αιμα, sangue) Acúmulo no sangue de uma quantidade excessiva de venenos de origem endógena ou exógena em virtude da insuficiência absoluta ou relativa dos órgãos encarregados de transformá-los e de eliminá-los.

TUBO ENDOTRAQUEAL - Tubo introduzido na traquéia para efetuar a ventilação do ar.

Fabrício é formado em Direito pela Universidade Salgado de Oliveira em Niterói, no Rio de Janeiro. Ele atuou na área de Direito Médico no escritório da advogada Naira Nunan Ribeiro Soares em Copacabana, sendo este escritório, na época, o único especializado na área de Direito Médico em toda a cidade do Rio de Janeiro. Fabrício é fluente em inglês, espanhol e italiano. Ele também pinta Expressionismo Abstrato e já exibiu suas telas no Museum do Louvre, em Paris. Morando em Los Angeles há 17 anos, ele atuou na área de produção de Cinema e TV.